MICHAEL O. BRISKY

Die besten
Weicheier
Sprüche

WILHELM HEYNE VERLAG
MÜNCHEN

Umwelthinweis:
Dieses Buch wurde auf
chlor- und säurefreiem Papier gedruckt.

2. Auflage
Originalausgabe 8/2000
Copyright © 2000 by Wilhelm Heyne Verlag GmbH & Co. KG,
München
http://www.heyne.de
Printed in Germany 2000
Umschlaggestaltung: Atelier Seidel, Altötting
Satz: Armin Köhler, München
Druck und Bindung: Pressedruck, Augsburg

ISBN 3-453-18168-9

Abdeckstiftbenutzer
Abi-Jahr-auf-Heckscheibe-Schreiber
Abknickende-Vorfahrtstraße-Blinker
ABS-Bremser

Abschiedswinker
Achselhaarschneider
Achterbahn-in-der-Mitte-Sitzer
Achterbahnkotzer
Achtstundenschläfer
ADAC-Holer
Adilettenduscher
Adventskalender-vorzeitig-Öffner
Airbagnachrüster
Akkulicht-Radler
Aktien-mit-Limit-Käufer
Aktienfrühzeichner
Alarmanlageninstallierer
Aldi-Einkäufer
Alimentezahler
Alkoholfrei-Biertrinker
Alkoholkontrolle-Anhalter
Alle-Hausaufgaben-Macher

Alle-die-mich-kennen-Grüßer
Alles-richtig-Schreiber
Alles-gleich-Erlediger
Alles-in-Tüten-Einpacker
Alten-Damen-über-die-Straße-Helfer
Altersheimbesucher
Altersvorsorger
Altpapiersammler
Alufolien-nochmal-Benutzer
Am-Berg-mit-Handbremse-Anfahrer
Am-Gehweg-vom-Rad-Absteiger
Am-Sonntag-bei-Mutti-Esser
Am-Tisch-Esser
Amalgamverweigerer
Ampelbremser
Ampeldrücker
Ampelgelbbremser
Ampelgrüngänger
Ampelranroller
An-das-Gute-im-Menschen-Glauber
An-der-Schranke-den-Motor-Ausmacher
Andy-Möller-Fan

Angebotsvergleicher
Angorawäscheträger
Anhängerkupplungsabdecker
Anstandsrestelasser
Antibiotikaschlucker
Antifaltencremebenutzer
Anti-rote-Augen-Effekt-Blitzlicht-
  verwender
Antiviren-Software-Verwender
Antivirenprogrammupdater
Apfelschäler
Arbeitsplatz-Schuhwechsler
Arbeitszeiterfasser
Aspirinschlucker
Auch-für-Tiere-Bremser
AudiTT-mit-Spoiler-Fahrer
Auf-der-Autobahn-Mercedes-Vorbeilasser
Auf-der-Autobahn-Sicherheitsabstand-
  einhalter
Auf-der-Hütte-Skischuhaufmacher
Auf-jede-E-Mail-Antworter
Auf-Klausuren-Lerner

Auf-Pfennig-genau-Tanker
Auf-Vorfahrt-Verzichter
Auf-Zeltlager-Duschender
Aufs-Christkind-Freuer

Augenbrauenzupfer
Aus-Plastikflaschen-Trinker
Außenspiegelumklapper
Auto-mit-Frontantrieb-Fahrer
Autoantennenabschrauber
Autobahn-immer-rechts-Fahrer
Autobahnsicherheitsabstandseinhalter
Autokennzeichennachschwärzer
Automatikgaragentoröffner
Automatikfahrer
Autoscooter-Zurückschieber
Autowaschstraßennachreiniger

Baby-an-Bord-Autofahrer

Babyphonebenutzer

Backofenvorheizer

Badehandtuchvorwärmer

Badehosenduscher

Badekappenträger

Badelatschendesinfizierer

Badelatschenduscher

Badewannenpisser

Badewannentaucher

Badvorheizer

Balkongärtner

Balkongriller

Balkonraucher

Bananenbieger

Bananenweizentrinker

Bankcardgeheimnummer-Aufschreiber

Barfußausdruckstänzer

Bartwäscher

Bastkorbflechter

Baucheinzieher

Baumausweicher

Bausparer
Baustellenrechtsfahrer
Beate-Uhse-Neutralverpackungs-Besteller
Beckenrandschwimmer
Bei-Bambi-Weiner
Bei-Blaulicht-Anhalter
Bei-Freistoß-Hand-vor-den-Schritt-Halter
Bei-Gefahr-Dackelhochheber
Bei-Gelb-Bremser
Bei-geschlossenem-Fenster-Fahrer
Bei-Gewitter-zu-Mamma-Renner
Bei-Glatteis-Fahrradabsteiger
Bei-ihren-Eltern-um-Hand-Anhalter
Bei-Massenschlägerei-Weglaufer
Bei-McDonald's-nur-Sparmenü-Besteller
Bei-Mutti-Wascher
Bei-Pförtner-Anmelder
Bei-Pulleralarm-aus-dem-Wohnzimmer-
    Springer
Bei-Radarwarnschild-Bremser
Bei-Titanic-Flenner
Bei-vierzig-Grad-Fieber-zum-Arzt-Geher

Bei-40-Km/h-in-den-Dritten-Schalter

Bei-Vorstellungsgespräch-Krawatten-
Träger

Beidhandfahrradfahrer

Beilagenesser

Beim-Abtrocknen-auf-Handtuch-Steher

Beim-Anstoßen-nicht-in-die-Augen-
Schauer

Beim-Berganfahren-Rückwärtsroller

Beim-Bumsen-Handtuch-Drunterleger

Beim-Chinesen-nicht-mit-Stäbchen-Esser

Beim-Dessousgucken-Erröter

Beim-Entkorken-Flasche-mit-den-Füßen-
Festhalter

Beim-Heiratsantrag-Hinknier

Beim-Küssen-Augenzumacher

Beim-Pinkeln-Vorhaut-Zurückzieher

Beim-Sex-Lichtausmacher

Beim-Zeitunglesen-Finger-Befeuchter

Beinrasierer

Beipackzettelnachfrager

Beischlafbettler

Belegesammler
Bemitleider
Benzinpreisvergleicher
Bergaufbremser

12

Betriebsanleitungsleser
Betroffenheitsschwaller
Bettdeckenausschüttler
Bettflaschenschmuser
Bettnässer
Bettsockenträger
Beutelreiskocher
Bevor-Preiserhöhung-noch-mal-billig-
   Tanker
BH-mit-zwei-Händen-Aufmacher
Bierdeckel-aufs-Glas-Leger
Bierdeckelunterleger
Biermischer
Bier-nicht-leer-Trinker
Bierwärmer
Bikiniduscherin
Bild-von-der-Freundin-im-Geldbeutel-
   Träger

Bildschirmschonerbenutzer
Billiggebührvorwähler
Billigtariftelefonierer
Billigurlaubbucher
Bin-ich-schon-drin-Frager
Bindestrich-Doppelnamen-Trägerin
Binnensegler
Biogartenanleger
Biokomposter
Birkenstockträger
Bis-30-bei-Mami-Wohner
Bis-zur-Hochzeitsnacht-Entsager
Bitte-Melde-dich-Opfer
Bitte-keine-Werbung-an-den-Briefkasten-
    Kleber
Blasebalgbenutzer
Blasenteetrinker
Blasverweigerin
Blaupisten-Skifahrer
Bleifreitanker
Bleistiftanspitzer
Blockflötenbläser

Blümchenpflücker
Blumenriecher
Blumenverschenker
Blutspendekollabierer

Bodenturner
Bommelmützenträger
Bonbonrundlutscher
Bonsaigärtner
Bordsteinkante-langsam-Hochfahrer
Brautstraußfänger
Bremsbelägewechsler
Bremsklotzleger
Brezelsalzabpopler
Briefmarkenanlecker
Briefmarkensammler
Brief-mit-Brieföffner-Öffner
Brief-mit-Rückschein-Verschicker
Brigitte-Leser
Brillenentspiegler
Brillenputzer
Brillentaucher
Britisches-Rindfleisch-Verweigerer

Brockhausabonnent
Brötchenaufbacker
Brötchen-über-der-Spüle-Aufschneider
Brotmaschinenbenutzer
Brotrindenabschneider
Brustbeutelträger
Brusthaarrasierer
Brusthaartoupet-Rasierer
Brusthaartoupet-Träger
Brustschwimmer
Buffetansteller
Bügelhilfebenutzer
Bundeswehrunistudierer
Bundfaltenhosenträger
Bungee-mit-Seil-Springer
Büroklammernzurechtbieger
Bußgeldbezahler
Bus-vorne-Sitzer
Buswinker

Cabrio-geschlossen-Fahrer

Carportbenutzer

CD-Labelzentrierhilfen-Verwender

CDU-Immer-noch-Wähler

Charterfluglandungsklatscher

Chatflirter

Checklistenabbearbeiter

Chefgrüßer

Chilliverweigerer

Chlorbrillenträger

Christbaumkugelpolierer

Christbaumschmücker

Clausthalertrinker

Clerasilabdeckstiftbenutzer

Cocktailkirschenesser

Cola-Light-Trinker

Coladosen-vorm-Trinken-Abwischer

Collegeblock-mit-Ausreißhilfe-Benutzer

Comicsockenträger

Computersuchsystem-Sucher

Dackelzüchter
Damenradfahrer
Damensattelreiter
Dämmerungs-Rolladen-Schließer
Dampfbügeleisenbenutzer
Danebensetzer
Dankesager
Datensicherer
Datumsstempel-Benutzer
Dauerwellenträger
Daumenlutscher
Daunendecken-Kuschler
Daunenjackenträger
Decke-bis-zum-Kinn-Zieher
Dem-Kellner-tschüß-Sager
Dem-Lehrer-die-Tasche-Träger
Den-Koch-Lober
Desinfektionsfußduscher
Deutschrockhörer
Dia-Abend-Veranstalter
Diätbiertrinker
Diätmacher

Diätmagarinezutaten-Leser
Dicht-am-Beckenrand-Schwimmer
Dicke-Pullis-Anzieher
Diddelsüßfinder

18 Die-Frau-fürs-Leben-gefunden-Haber
Dieselhandschuhtanker
Disco-zu-laut-Finder
Diskettenformatierer
Do-it-yourself-Buch-Leser
Dollhousedollaraufheber
Doppelhuper
Doppel-Luftmatratzen-Schläfer
Doppelmäppchenbesitzer
Doppelnamenbenutzer
Doppel-Pulli-Träger
Doppel-Rheumadecken-Schläfer
Doppelschleifenbinder
Draußen-Raucher
Dr.-Best-Zahnbürsten-Verwender
Dreifach-Dankesager
Dreilagiges-Klopapier-Benutzer
Dreimal-täglich-Zähneputzer

Drei-Stufen-vor-Rolltreppenende-
  Stehenbleiber
Drittelliterbierflaschentrinker
Druckersteckerfestschrauber
Druckfehlergucker
D-Schild-aufs-Auto-Kleber
Du-Darfst-Esser
Dudennachschlager
Duftbaumaufhänger
Dunkelbumser
Dünnbrettbohrer
Dünnkaffeetrinker
Dünnstrahlpinkler
Duschgeleinschmierer
Duschhaubenträger
Duschkabinenabtrockner
Duschwasservorwärmer

Ehering-Träger
Ehrenworthalter
Eierliköralkoholiker
Eierpappenaufbewahrer

Eieruhrumdreher
Eigene-Frau-Verführer
Eigene-Telefonnummer-bei-der-Auskunft-Erfrager
Ein-Blatt-Locher
Ein-Herz-für-Kinder-Haber
Ein-Pfennig-zu-viel-Tanker
Einbahnstraßen-Rechtsparker
Einbahnstraßenrückwärtsfahrer
Einfahrt-Freihalter
Einfingertastaturendrücker
Eingriffunterhosenträger
Einkaufskörbchenmitnehmer
Einkaufswagenzurückschieber
Einlegesohlenträger
Einmalkommer
Einmeterbrettspringer
Einstockaufzugfahrer

Einzelverbindungsnachweisanforderer
Eipeller
Eisfachabtauer
Eiskratzer-mit-Handschuh-Benutzer
Eiskunstlaufgucker

Elektrischer-Fensterheber-Benutzer
Elektrisch-Zahnbürster
Elektrofoliengriller
Elektrogriller
Elektromesserbenutzer
E-Mail-Archivierer
E-Mail-Ausdrucker
E-Mail-Weiterleiter
Embryonallagenschläfer
Empfängnisverhüter
Energiesparlampenkäufer
Enteiserspraybenutzer
Entenfütterer
Entlaufene-Katzen-Fahnder
Entschuldigungszettelschreiber
E-Rasierer
Erbsenpürierer

Erdbeerenentkerner

Erdnussschäler

Erst-Bremser-dann-Blinker

Erst-nach-dem-Chef-Nachhausegeher

Erstbeischläfer

Erste-Reihe-Sitzer

Etagenbett-unten-Schläfer

Exfreundin-Nachheuler

F1-Tasten-Drücker
Fahrkartenlöser
Fahrrad-bergauf-Schieber
Fahrradanschließer

Fahrradhelmträger
Fahrradöler
Fahrradspangenträger
Fahrradständerrausklapper
Fahrstuhlfahrer
Falkplan-falsch-Falter
Fallobstsammler
Faltenrockbügler
Familienfoto-auf-den-Schreibtisch-Steller
Fantatrinker
Feinripp-mit-Eingriff-Träger
Feinrippträger
Feinwaschmittelbenutzer
Fenchelteetrinker
Fensterkipper
Fensterplatzsitzer
Fernbedienungsumschalter
Fernlichtfahrer

Ferreroküsschenanbieter
Festnetztelefonierer
Feten-um-zehn-Uhr-Verlasser
Fettarme-Milch-Trinker
Fettnäpfchentreter
Feuchtnießer
Feuchtträumer
Feuerlöscher-im-Auto-Aufbewahrer
Feuerwehr-Rufer
Filmpointenerzähler
Filmrissvortäuscher
Filterraucher
Fingerablecker
Fingerhutbenutzer
Fingernagelknipser
Fischgrätenentferner
Fischstäbchenportionierer
Fishermen's-Friend-Ausspucker
Fitnessstudio-Probetraining-Macher
Flanellhemdträger
Flaschenöffnerbenutzer
Fliegenklatscher

Flugzeuglandungsapplaudierer
Flurlichtausschalter
Flüssigseifenbenutzer
Foliengriller
Folienhandschuhgriller
Föhnfrisurträger
Formelsammlungbenutzer
Foto-von-Freund(in)-im-Geldbeutel-
    Träger
Fotoküsser
Fransenjackenträger
Frauen-die-Tür-Aufhalter
Frauen-in-den-Mantel-Helfer
Frauenbeauftragter
Frauenbeifahrer
Frauenfußballfan
Frauennamenannehmer
Frauenparkplatzbenutzer
Frauenrechtgeber
Frauentröster
Frauenversteher
Frauenwäscheträger

Frauenzeitschriften-Psychotest-Ausfüller
Frauenzuhörer
Freisprechanlagenbenutzer
Freitagabend-zu-Hause-Verbringer
Freiwilliges-Praktikum-Absolvierer
Fremdwort-nicht-Kenner-und-trotzdem-
    Benutzer
Freundeskreis-Sucher
Freundin-zum-Schwulseinverdecken-
    Haber
Freundschaftsbänder-Fetischist
Frischobstgenießer
Fristeneinhalter
Frontscheibeneisabkratzer
Frotteebettwäschebezieher
Früchteteetrinker
Frühblinker
Frühblütenflugallergiker
Frühbremser
Frühbucher
Früheinfädler
Frührentner

Frühstück-ans-Bett-Bringer
Frühstücksfernsehgucker
Früh-zu-Bett-Geher
Fünf-Minuten-Terrine-Koch
Für-100-Meter-Gurtanleger
Für-Omas-Bremser .
Für-Omas-im-Bus-Aufsteher
Für-Tiere-Bremser
Furzeinhalter
Furzunterdrücker
Fußballaufklebersammler
Füßeabtreter
Fußföhner
Fußkettchenträger
Fußnagelfeiler
Fußnägelschneider

Gameshow-Mitrater

Ganz-pünktlich-Kommer

Garagenparker

Garagentapezierer

Garagentorfernbediener

Garantiefondsinvestor

Gartenmöbel-in-Plastikfolien-Einpacker

Gartenzaunstreicher

Gartenzwergaufsteller

Gartenzwergschubkarrenbepflanzer

Gasgriller

Gebrauchsanweisungsleser

Geburtstagsblumenpflücker

Geburtstagsständchensinger

Gedichte-auswendig-Lerner

Gegenverkehrsabblender

Gehörschutzträger

Gehwegkehrer

Gehwegradler

Gelbphasenbremser

Geld-in-die-Parkuhr-Stecker

Geld-für-später-Sparer

Gelsattelradler

GEMA-Gebühr-Bezahler

Gemüse-Mäc-Esser

Gemüseputzer

Geschäftsführerfrager

Geschenkbändchenbügler

Geschenkeeinpacker

Geschenkpapierbügler

Geschenkpapier-vorsichtig-Aufmacher-
und-noch-mal-Benutzer

Geschirr-am-selben-Tag-Spüler

Geschirreinweicher

Geschirrtuchbügler

Geschwindigkeitsbeschränkungs-
einhalter

Geschwollen-daher-Redner

Gesichtseincremer

Gesundheitsballhocker

Getränkumrührer

Gewinnspielteilnehmer

Gewitterfürchter

GEZ-Anmelder

Glaskeramikkocher
Glatteisstreuer
Glatzenföhner
Gleich-nach-dem-Sex-Einschläfer

Gleitcremebumser
Glückspfennigaufheber
Glücksradmitrater
Glühbirnenwechsel-Sicherungsheraus-
   schrauber
Golf-Tieferleger
Goldfischzüchter
Goldkettchenträger
Gondelabfahrer
Goretexjackenträger
Gratisprobenbenutzer
Grauhaarüberfärber
Grenzwertbeachter
Grippe-Vorsorgeimpfer
Grobmotoriker
Grundgebührsparer
Grundgesetzbesitzer
Gruppenzwang-Raucher

Gummibärchenlutscher
Gummibenutzer
Gummipuppenaufblaser
Gunda-Röstel-Gutfinder
Gurtanschnaller
Gürtel-zu-Hosenträgern-Träger
Gute-Nacht-Kuss-Geber
Gute-Nacht-Geschichten-Bettler
Gute-Nacht-Geschichten-Leser

Haareföhner
Haare-über-die-Glatze-Kämmer
Haarnetzträger
Haftcremebenutzer
Haklefeuchtwischer
Halbachtuhraufsteher
Halbe-Maß-Trinker
Halbes-Hähnchen-mit-Besteck-Esser
Hallenhalmaspieler
Haltbarkeitsdatumbeachter
H-Milch-Trinker
Handbremsenanzieher
Handbuchleser
Handeincremer
Händeschüttler
Handgasgeber
Handrückenepilierer
Handschuheiskratzer
Handschuhgriller
Handschuhschneeballwerfer
Handschuhschweißer
Handtuch-Weichspüler

Handtuchbügler
Handtuchunterleger
Hand-vor-dem-Mund-Gähner
Handy-auf-Vibrationsalarm-Steller
Handy-Freisprecheinrichtungs-Benutzer
Handy-in-der-Vorlesung-Ausschalter
Handy-mit-lustiger-Klingelmelodie-
 Benutzer
Handytaschenträger
Handyton-in-der-Schule-Absteller
Happy-Hour-Trinker
Hartschalenkofferbesitzer
Hats-geschmeckt-Frager
Haubenfahrer
Hauptdiplomprüfungsverschieber
Haupttribünengänger
Hausaufgabenmacher
Hausaufgaben-zu-Hause-Macher
Hausflurfeger
Haushaltskassenführer
Hausratsversicherungskäufer
Hausschuhträger

Haustürabschließer
Heckscheibenheizer
Heftpflaster-langsam-Abzieher
Heilwassertrinker

Heimlich-in-Ausschnitt-Gucker
Heimlich-Nasebohrer-Autofahrer
Heimlichraucher
Heimlichrülpser
Heiße-Milch-mit-Honig-Trinker
Heizdeckenlieger
Heizungansteller
Helmradler
Hemd-in-die-Hose-Stecker
Herzflicken-auf-der-Hose-Träger
Hintenanschnaller
Hintenansteller
Hinteneinsteiger
Hinterm-Busch-Pinkler
Historyliste-Löscher
Hochbettuntenschläfer
Hochsommer-Glühwein-Trinker
Hochwasserhosenträger

Hochzeitstagdrandenker
Hoffentlich-Allianz-Versicherter
Höhepunkt-Rauszögerer
Hollandradfahrer
Holzkugelsitzauflagenbenutzer
Hörnchentunker
Hornhautabrubbler
Horoskopglauber
Horrorszenen-Wegseher
Hörsaalsitzplatzreservierer
Hosenbeinumkrempler
Hosenlatzfummler
Hotlineanrufer
Hundebabysüßfinder
Hundehaufenausweicher
Hundehaufenentsorgungstütenbenutzer
Hundert-Meter-vor-der-Haustüre-
　　Schlüssel-Rausholer
Hydrokulturpflanzer

Ich-Bremse-auch-für-Tiere-Aufkleber-
  Anbringer

Ich-darf-gar-nicht-dran-denken-dass-das-
  ein-Tier-ist-Fleischesser

Im-Ausland-Wasser-Abkocher

Im-Deutschunterricht-Aufpasser

Im-Flugzeug-Anschnaller

Im-Kino-Klatscher

Im-Stau-Warnblinker

Im-Stuhlkreis-drüber-Reder

Im-Supermarkt-Preisvergleicher

Im-Tanzcafe-Piccolo-Spendierer

Im-Taxi-hinten-Sitzer

Im-Unterricht-Melder

Im-zweiten-Gang-um-die-Kurve-Fahrer

Immer-daheim-Schläfer

Immervolltanker

In-der-Fußgängerzone-vom-Fahrrad-
  Absteiger

In-der-Männerdusche-nicht-nach-der-
  Seife-Bücker

In-der-Nähe-des-Notausgangs-Aufhalter

In-der-Schule-vorn-Sitzer
In-die-Hand-Huster
In-Fahrtrichtung-Sitzer
In-Unterwäsche-Solarium-Lieger
In-Werbepausen-aufs-Klo-Geher
Innenspiegeleinsteller
Innentaschenbügler
Innerhalb-der-Markierung-Parker
Insgeheimrülpser
Inspektionstermineinhalter
Integralhelmfahrer
Internetpornobildrunterlader
Internetseminarbesucher

J

Ja-Sager
Jacke-im-Auto-Anlasser
Jahr-2000-Computertester
Jammerlappen
Jeansbügler
Jeansjacken-Zuknöpfer
Jede-Woche-die-Unterhosen-Wechsler
Jede-Woche-Fenster-Putzer
Jeden-Freitag-Putzer
Jeden-Tag-Duscher
Jeden-Samstag-Wagenwäscher
Jenga-Mittelsteinrauszieher
Jodsalzer
Joghurtbecherspüler
Joystick-anstatt-Tastatur-Benutzer
Juniortütenbesteller

Kabaschlürfer

Kabelstolperer

Kabienenduscher

Kaffeefahrtmitfahrer

Kaffee-Haag-Trinker

Kaffeemaschinenentkalker

Kaffee-mit-dem-Löffel-Portionierer

Kaffee-mit-Milch-und-Zucker-Trinker

Kaffee-mit-Süßstoff-Trinker

Kakaotrinker

Kaktus-mit-Gartenhandschuh-Umtopfer

Kalendereintrager

Kalorienzähler

Kamerawinker

Kamillenteetrinker

Kanaldeckelausweicher

Kännchentrinker

Kantenschoner

Kantinentablettzurücksteller

Kapuzenträger

Karokaffeetrinker

Karpfenteichangler

Karussellbremser

Karussellkotzer

Käserindenabmacher

Kassenpatient

Kassenzettelnachrechner

Kassettenbeschrifter

Kastaniensammler

Katalogbesteller

Katzenkrauler

Kaugummizigarettenraucher

Kein-Bier-vor-vier-Trinker

Kekstunker

Kettchenknutscher

Kettenbrief-Weiterschicker

Kinderbeckenaußenrandschwimmer

Kinderbeckenplantscher

Kinderbeckenstruller

Kinderpunsch-statt-Glühwein-Trinker

Kindertelleresser

Kinderüberraschungsei-Anleitungsleser

Kinderwagenschieber

Kinokartenreservierer

Kinoweiner
Kirchenblattleser
Kirchengänger
Kirschenentkerner
Kissen-in-der-Mitte-Falter
Klamotten-am-Vortag-Rausleger
Klarsichthüllenverwender
Klausurenpaniker
Klebefolien-Bucheinbinder
Klebnotizenschreiber
Kleenex-Balsam-Nasenputzer
Kleinen-Finger-Abspreizer
Kleingedruckteslesser
Kleingeldabzähler
Kleingeldsammler
Kleinstadtdiscobesucher
Klimaanlagenfahrer
Klo-Spülstopp-Benutzer
Klobrillen-Warmföhner
Klobrillendesinfizierer
Klobrillenhochklapper
Klodeckelpolsterer

Klodeckelrunterklapper
Klofrauenbezahler
Klopapierrollenbesticker
Klopapier-selber-Mitbringer
Klorollenumhäkler
Knallerbsenstrauchpflanzer
Knieschonerträger
Knieschutzinlineskater
Knoblauch-nur-am-Wochenende-Esser
Knöllchenbezahler
Knorpelwegschneider
Knutschfleckverdecker
Kochrezeptbenutzer
Koffeinfrei-Kaffetrinker
Kofferraumstaubsauger
Kohlensäurerausschüttler
Kommunalwähler
Kommunionkerzenaufheber
Komplettlösungsspieler
Komplettrechnerkäufer
Komplexesammler
Komplimentemacher

Kompromissmacher
Kondom-in-Taschentuch-Einwickler
Kondomonanierer
Konfliktvermeider
Konservativanleger
Kontaktlinsenreiniger
Kontoauszugsüberprüfer
Kopfkissenschläfer
Kopfwehjammerer
Kotztütenbenutzer
Kraftausdrückevermeider
Krawatten-von-Papa-binden-Lasser
Krawattennadelträger
Kreisverkehraußenfahrer
Kreisverkehrblinker
Kriegsdienstverweigerer
Krötenwanderungshelfer
Kühlerfrostschutzbenutzer
Kühlschrankabtauer
Kühltaschenpicknicker
Kulturbeutelbesitzer
Kummerkastenpöbler

Kundendienstanrufer
Kunstlederjackenträger
Kupplungschleifer
Kurvenbremser
44 Kurzhaarföhner
Kurzstreckenstraßenbahnfahrer
Kurzwahlspeicherbenutzer
Kuschelrocker
Kuscheltier-ins-Regal-Steller

Labelloschmierer

Lacknasenglattstreicher

Lackschuhträger

Lagerfeuer-erste-Reihe-Sitzer

Lagerfeuergitarrist

Lagerwertausgleichanforderer

Lakritzschneckenabroller

Lamettabügler

Lammfellsohlengeher

Lange-Unterhosen-Skifahrer

Lascher-Händedruck-Geber

Lass-uns-gute-Freunde-bleiben-Bettler

Lastwagen-Nichtüberholer

Laternenparker

Latexallergievortäuscher

Latexallergiker

Laubzusammenrecher

Lavendelsäckchen-in-den-Schrank-Leger

Lebensplaner

Lebensversicherungskäufer

Leberkäs-um-die-Semmel-Abesser

Leergutausspüler

Legal-Parteispenden-Zahler
Lehrertaschenträger
Leichtkugelbowler
Leihskiversicherer
46 Leisekommer
Leisepupser
Leiserülpser
Leiseschnäuzer
Lenkradzudecker
Lenkradsperrer
Lesebrillenträger
Lesezeichenbenutzer
Lichthupenbenutzer
Lichtschutzfaktor-20-Eincremer
Liebesbriefschreiber
Liebesfilmflenner
Liebeskummersendunganrufer
Lightbier-Trinker
Lights-Raucher
Lindenblütenteetrinker
Lindenstraßengucker
Linksträger

Linksüberholer
Lippenbalsambenutzer
Lochverstärkungsringankleber
Lösegeldzahler
Luftballon-mit-der-Pumpe-Aufblaser
Luft-in-Reserverad-Prüfer

Mädchenzeuger

Magermilchjoghurtesser

Mahlzeit-Wünscher

Mal-hören-was-die-Frau-meint-Sager

Malzbiertrinker

Mandeloperationangsthaber

Männerselbsterfahrungsgruppenbesucher

Maßkrug-Zweihand-Stemmer

Matratzenschläfer

Mausballreiniger

Medimawäscheträger

Mehrfach-hier-Rufer

Mehrwegtrinker

Melonenkernrauspuhler

Merkzettelschreiber

Migräneverzeiher

Mikrowellenaufwärmer

Milch-in-den-Tee-Gießer

Milchkaffeetrinker

Milchtüten-mit-der-Schere-Öffner

Milchzahnaufheber

Millenniumangsthaber

Minenfeldausweicher

Mineralwasserkohlensäurerausschüttler

Missionarsstellungslover

Mit-ausgestrecktem-Arm-über-
Zebrastreifen-Geher

Mit-Badeschlappen-am-Strand-Spazieren-
geher

Mit-Blumen-Sprecher

Mit-Dabeisein-Dürfer

Mit-dem-Strich-Rasierer

Mit-dem-Teddy-im-Arm-Einschlafer

Mit-dem-Wind-Pinkler

Mit-der-Frau-Einkaufer

Mitleid-Erhascher

Mit-Mami-in-Urlaub-Fahrer

Mittagszähneputzer

Mittagsschläfer

Mittelscharfer-Senf-Esser

Mittelspurfahrer

Mittelstationaussteiger

Mofa-vorne-hochgehen-Lasser

Moment-ich-hab's-passend-Zahler

Monatskartenbesitzer
Mondphasenbeachter
Moonbootsträger
Moorhuhn-Vorbeischießer
Motivsockenträger
Motorrad-mit-Saisonkennzeichen-Fahrer
Motorbremser
Motorrad-Rückwärtsgang-Fahrer
Motorradsitzheizungsbenutzer
Mousepadunterleger
Mückenklatscher
Müllrausträger
Mülltrenner
Mundduscher
Musik-zu-laut-Finder
Musterlösungnachrechner
Muttertagsgedenker
Muttiküsser

Nabeltrockner
Nach-Beischlaf-Duscher
Nach-dem-Essen-Tischabräumer
Nach-dem-Pinkeln-Händewascher
Nach-dem-Sex-Kuschler
Nach-dem-Weg-Frager
Nach-drei-Bier-Kotzer
Nach-einem-Bier-zweimal-aufs-Klo-
   Renner
Nach-Falkplan-Fahrer
Nach-Groschen-Bücker
Nach-Hause-Telefonierer
Nach-Rezept-Tütensuppenkocher
Nach-Rezeptbuch-Kocher
Nach-Sex-Schwanzabputzer
Nachhilfeunterrichtnehmer
Nächster-Kunde-Schild-Zieher
Nachts-nicht-im-Dunkeln-Schlafen-
   Könner
Nachwürzer
Nagelfeiler
Namensschildträger

Nasenhaarschneider

Nasenklammernschwimmer

Nasser-Fahrradsattel-Abwischer

Nasskämmer

Navigationssystembenutzer

Navigationssystem-Benutzer-und-
trotzdem-Verfahrer

Neue-Klamotten-zuerst-Wascher

Neujahrs-Nichtraucher

Neuwagen-Kilometerschoner

Nicht-bei-Rot-über-die-Straße-Geher

Nichtschwimmer

Nicht-zufrieden-sein-und-trotzdem-
Trinkgeld-Geber

Niederdrehzahlfahrer

Niveacremer

Notarztrufer

Notfalldiskettenersteller

Nudeltunker

Nullpromillefahrer

Nur-ein-Bier-Trinker

Nur-Nebenzeit-Handy-Telefonierer

Obstschäler

Obstwäscher

Ofensitzer

Ohne-Licht-Beischläfer

O

Ohrenwärmerträger

53

Ölstandskontrollierer

Omabesucher

Oma-über-Straße-Lasser

Omavorlasser

Orangen-mit-Messer-und-Gabel-Esser

Orgasmusansager

Orgasmusvortäuscher

Oropaxträger

Ortsschildbremser

O-Saft-Verdünner

Osterkerzenanzünder

Ozonfahrverbotbefolger

Ozonlochpaniker

Palmolivespüler
Pamperswechsler
Pantoffelträger
Papier-auf-die-Klobrille-Leger
Papierkorbentleerer
Papierrückseitenbeschreiber
Parkbank-Taschentuch-Abputzer
Parkhausblinker
Parkettpfleger
Parkhausparker
Parkscheibenweiterdreher
Parkscheinlöser
Parkuhrgeldreinschmeißer
Partnerbefriediger
Passat-Diesel-Fahrer
Passfotogrinser
Passivraucher
Pastillenhalbierer
Pauschaltourist
Pausenbrot-von-zu-Hause-Mitbringer
Pernod-mit-Wasser-Verdünner
Perserteppichfransenkämmer

Pfandflaschenzurückbringer
Pfennigbücker
Pflaster-auf-Piercing-Kleber
Pfützenumläufer
pH-Senker
Pickelabdecker
Pickelausdrücker
Pinnummernaufschreiber
Pissrinnenverfehler
Pizza-Selbstabholer
Pizzarand-Liegenlasser
Planschbeckentaucher
Plastiktütenmehrfachbenutzer
Polizeiautovorbeilasser
Polizistengrüßer
Pommes-mit-Gabel-Esser
Ponyreiter
Pornofilm-Alleinseher
Postkartenschreiber
Pralinenanbeißer
Prämiensparer
Preisausschreibengewinn-Reisender

Preisvergleicher
Probefahrtmacher
Problemfilmgucker
Profilnachschneider
56 Protestwähler
Pullunderträger
Pünktlich-aus-der-Mittagspause-Kommer
Pünktlichkommer

Quallen-außen-rum-Schwimmer
Quarzuhrträger
Querverweisnachseher
Querschwimmer
Queuespitzeneinkreider
Quittenmarmeladenliebhaber
Quittungensammler
Quotenmann

Rabattmarkenkleber
Raclettepfännchenschwenker
Radarfallenbremser
Rapsöltanker
Rasenkantenschneider
Rasentrimmerbenutzer
Rastplatzanfahrer
Raststättenpinkler
Ratenzahler
Rechtschreibprüfungseinschalter
Rechtsfahrer
Rechtsschutzversicherer
Rechts-vor-Links-Beachter
Recyclingklopapierbenutzer
Reformkostesser
Regenkombiradler
Regenflüchter
Regenhaubenaufsetzer
Regenjackenträger
Regenschirmmitnehmer
Rehstreichler
Reifendruckprüfer

Reine-Schafwoll-Sockenträger
Reinigungsbandbenutzer
Reiserücktrittskostenversicherungs-
   abschließer

Reißnagelaufheber
Rentenfondsinvestor
Reservefallschirmspringer
Reservekanisterbetanker
Reserveradaufpumper
Reservetamponmitnehmerin
Resteeinfrierer
Richtgeschwindigkeitsfahrer
Riesenradkotzer
Rock-Konzert-Hintensteher
Rohkostesser
Rollkofferschieber
Rollkragenträger
Rollstuhlfahrerrampengeher
Rolltreppensteher
Rosenmontagsfrühschoppenverschlafer
Rosenzüchter
Rosen-zum-Valentinstag-Verschenker

Rosinenrauspicker
Rote-Beete-Saft-Trinker
Rückbankanschnaller
Rückpassgeber

Rückrufaktionbefolger
Rücksichtnehmer
Rückspiegelwegklapper
Rückspiegelheizer
Rücktrittsrechtgebrauchmacher
Rückwärtseinparker
Rülpsschlucker
Rundfunkgebührbezahler
Rutschbahnbremser

Sackgassenwender
Salz-im-Winter-Streuer
Sammelbesteller
Samstags-Autoputzer
Samstags-zum-Bäcker-Geher
Sandalenträger
Sandmännchengucker
Sandsackboxer
Sankt-Martins-Zug-Mitgeher
Saunaaufgussverweigerer
Sauna-unten-Sitzer
Schalträger
Schal-vors-Gesicht-Binder
Schamhaar-Shampoonierer
Schattenbräuner
Schattenparker
Schatzisager
Scheinbartrasierer
Scheitelträger
Schiffschaukelbremser
Schildkrötenstreichler
Schinkenschwartenabschneider

Schlabberlätzchenträger
Schlafanzugträger
Schlaftablettennehmer
Schlaglochausweicher

Schlauchboot-mit-Fußpumpe-Aufblaser
Schlips-unter-Pulli-Träger
Schlümpfesammler
Schlüsselbundsucher
Schnaps-nicht-ex-Trinker
Schnapsglas-Halbaustrinker
Schneekettenaufzieher
Schneesturm-Gesicht-Wegdreher
Schnulzenglotzer
Schnurrbartkämmer
Schnürsenkeldoppelschleifenbinder
Schonbezüge-Abdecker
Schönes-Wochenende-Wünscher
Schonkaffeeverdünner
Schönwetterzelter
Schorletrinker
Schrankwandbesitzer
Schraubdeckelweintrinker

Schreibtischaufräumer
Schrittschampoonierer
Schuheinlagenträger
Schuhlöffelbenutzer
Schulbrot-schon-im-Bus-Esser

Schulterblicker
Schutzblechmountainbiker
Schutzbrillenschweißer
Schutzimpfer
Schwachstromelektriker
Schwarzfahrtbeichter
Schwiegermutter-Blumenmitbringer
Schwiegermutterküsser
Schwimmflügelaufblaser
Schwimmkursteilnehmer
Seerosengießer
Seifenbücker
Servolenker
Sesselfurzer
Sicherheitskopieersteller
Sich-über-Haare-im-Abfluß-Aufreger
Sitzbügler

Sitzheizungsbenutzer

Sitzpinkler

Sockenhochzieher

Softeislutscher

Softwareregistrierer

Solarium-Sonnenmilch-Eincremer

Sommerheizer

Sonnenblendenrunterklapper

Sonnenfinsternis-nur-mit-Spezialbrille-
    Gucker

Sonntagsfahrer

Spaghettikleinschneider

Spendenüberweiser

Spiegelföhner

Spiel-77-Ankreuzer

Spurwechselblinker

Stammwähler

Standheizungsbenutzer

Stauumfahrer

Stauwarnblinker

Steakdurchbrater

Steuern-pünktlich-Bezahler

Steuerzahler
Stille-Wasser-Trinker
Stofftiersüßfinder
Stoppkurssetzer
Strafzettel-sofort-Bezahler
Streichelzoobesucher
Streichwurstesser
Strickjackenträger
Strohhalmtrinker
Strohsternbastler
Stromsparer
Süßwassersegler
Süßweintrinker

Tablettenschlucker
Tagesausflugbucher
Taschentuch-nur-einmal-Benutzer
Tastaturabdecker
Taubenfütterer
Tee-mit-ins-Büro-Nehmer
Teletubbies-Zurückwinker
Teller-immer-leer-Esser
Tempolimitbeachter
Tempolimitunterschreiter
Tequilla-in-die-Blumen-Schütter
Textmarkeranstreicher
Thermalbader
Tiefgaragenparker
Tischdeckenfestklammerer
Tischdekorierer
Tischreservierer
Toilettenfensteröffner
Toupetträger
Traubensaftverdünner
Traubenzuckerlutscher
Traumhochzeitmitheuler

Treuepunktesammler

Trinkgeldgeber

Trockenfurzer

Trockenrasierer

Turnbeutelvergesser

Türschlossenteiser-bevor-Schlüsselrein-
   stecker

Tütenweintrinker

Über-der-Spüle-Brötchen-Aufschneider
Überraschungseischüttler
Uhrenvorsteller

Umkleidekabinenbenutzer

Um-9-Uhr-Aldi-Computer-Käufer
Umweltschoner
Untenlieger
Unter-der-Bettdecke-Frierer
Unterhemdenträger
Unterhosenbügler
Unterlagenzelter
Urinmittelstrahlmesser
Urkundenaufhänger
Usambaraveilchenzüchter

V-Ausschnittspullover-mit-Karomuster-
    Träger
Valentinstagdrandenker

Vatiküsser
Verhüter
Verfallsdatenkucker
Verkehrsfunk-Autoradio-lauter-Steller
Vignettenkäufer
Vollbremser
Volltanker
Vorabend-Eincchecker
Vorbeugepatient
Vorlesungsmitschreiber
Vorfahrtbeachter
Vorfahrtsstraßenblinker
Vorwärtseinparker
Vorzeltheizer
VPS-Programmierer

W

Waldorfschüler
Wangenküsser
Warmduscher
Wärmflaschenfüller
Warmmilchtrinker
Warmwasserbeckenschwimmer
Warnblinker
Wartelisteneintrager
Wäsche-zu-Mami-Geber
Wasseroberflächentaucher
Wasser-während-dem-Einseifen-
   Abdreher
Wechselgeldnachzähler
Wegen-der-Frau-Zimmer-Aufräumer
Wegfahrsperrennachrüster
Weichei
Weicheier-Listen-Leser
Weintraubenkernausspucker
Weiße-Socken-Träger
Weiß-und-Buntwäsche-Sortierer
Weißbier-lauwarm-Trinker
Weißwursthäuter

Werbungwegzapper
Wie-war-ich-Nachfrager
Windei
Windschattenfahrer
Windschutzscheibenabdecker
Winterreifenaufzieher
Wochenendseminarbesucher
Wohnwagenbesitzer
Wunschkennzeichenfahrer
Wurstpellenabmacher

Z

Zahnarzt-Spritzenbettler
Zahnarzttermin-Verschieber
Zahnpastatubenaufroller
Zebrastreifenbenutzer
Zebrastreifenbremser
Zehenföhner
Zehennägelschneider
Zehenzwischenraumtrockner
Zeltheizer
Zentralverriegler
Zierfischfütterer
Zivildienstleistender
Zufrühkommer
Zum-draußen-Rauchen-Schuhe-Anzieher
Zündschlüsselabzieher
Zweimalabschliesser
Zweimal-im-Jahr-zum-Zahnarzt-Geher
Zweimal-mit-derselben-Frau-Schläfer